Clélia Pagani de Souza
Marinês Battisti

Deus nos chama

Caminhando com Deus

Coleção CAMINHANDO COM DEUS
IMPRIMATUR
Concedido em 18/11/2011

Dom Anuar Battisti
Arcebispo de Maringá

Ensino Fundamental
Volume 2

É terminantemente proibido reproduzir este livro total ou parcialmente por qualquer meio químico, mecânico ou outro sistema, seja qual for a sua natureza. Todo o desenho gráfico foi criado exclusivamente para este livro, ficando proibida a reprodução do mesmo, ainda que seja mencionada sua procedência.

Dados para catalogação
Bibliotecária responsável: Luciane Magalhães Melo Novinski
CRB 1253/9 – Curitiba, PR.

Souza, Clélia Pagani de

Caminhando com Deus: Deus nos chama, volume 2 / Clélia Pagani de Souza, Marinês Battisti; ilustrações: Cide Gomes – Curitiba : Base Editorial, 2011.
    88p. : il. ; 28 cm. – (Coleção Caminhando com Deus; v.2)

    ISBN: 978-85-7905-874-5

    1. Ensino religioso – Estudo e ensino. 2. Ensino Fundamental. I. Battisti, Marinês. II. Título. III. Série.

CDD (20ª ed.) 268

Coordenação editorial Jorge Martins
Coordenação pedagógica Eloiza Jaguelte Silva
Projeto gráfico e capa Cide Gomes
Revisão Lucy Myrian Chá
Iconografia Osmarina F. Tosta e Belquís Ribeiro Drabik
Finalização Solange Freitas de Melo

BASE EDITORIAL
Base Editorial Ltda.
Rua Antônio Martin de Araújo, 343 – Jardim Botânico
CEP 80210-050 – Curitiba/PR
Tel.: 41 3264-4114 – Fax: 41 3264-8471
baseeditora@baseeditora.com.br –www.baseeditora.com.br

Impressão - Gráfica Capital - Novembro 2016

AMIGO

Este livro é seu!

Nele, você encontrará histórias de plantas, animais, e de crianças como você.

Conhecerá as coisas de Deus.

Saberá como Jesus viveu e como Ele ama você.

Descobrirá, nas reflexões deste livro, um jeito novo de viver, amando e fazendo da vida um agradecimento.

Todos somos filhos de Deus, sem diferenças de raça, credo, cor ou nacionalidade.

Faça como Jesus e ame seu próximo sem discriminação.

Guarde tudo isto no seu coração!

Um abraço carinhoso

As autoras.

SUMÁRIO

TEMOS NOSSAS ORIGENS 5
1ª REFLEXÃO: FOMOS CHAMADOS PARA VIVER 6
2ª REFLEXÃO: TEMOS DIREITO A UM LUGAR PARA MORAR 13
3ª REFLEXÃO: SOMOS CHAMADOS A CRESCER EM SABEDORIA, IDADE E GRAÇA, COMO JESUS 19
4ª REFLEXÃO: SOMOS CHAMADOS A SER GENTE 21
5ª REFLEXÃO: SOMOS CHAMADOS A SER AMIGOS 28
6ª REFLEXÃO: SOMOS CHAMADOS A SER FILHOS DE DEUS 32

DEUS NOS DEU UM ESPAÇO PARA MORAR E CUIDAR 36
1ª REFLEXÃO: TERRA – LUGAR DE TODAS AS RAÇAS 37
2ª REFLEXÃO: ÁGUA – PRESENTE DE DEUS 41
3ª REFLEXÃO: VERDE – CUIDANDO DELE, CUIDAMOS DA VIDA QUE DEUS NOS DEU 45
4ª REFLEXÃO: AR – O QUE ESTAMOS RESPIRANDO? 48
5ª REFLEXÃO: ANIMAIS – SÃO CRIATURAS DE DEUS. VAMOS DEIXÁ-LOS VIVER 51

DEUS NOS CONVIDA A CONVERSAR COM ELE 57
1ª REFLEXÃO: COMUNICAÇÃO – OUVIR, FALAR, VER, EXPRESSAR... 58
2ª REFLEXÃO: BÍBLIA – UMA GRANDE CARTA DO AMOR DE DEUS 61
3ª REFLEXÃO: JESUS NOS ENSINA A COMUNICAÇÃO COM DEUS 64
4ª REFLEXÃO: JESUS NOS ENSINA A CONVIVER 67
5ª REFLEXÃO: JESUS NOS CONVIDA A VIVER EM SOLIDARIEDADE 72

MEMÓRIAS QUE FAZEM CRESCER 78
1ª MEMÓRIA: TEMPO DE FRATERNIDADE 79
2ª MEMÓRIA: TEMPO DE SER MELHOR 82
3ª MEMÓRIA: TEMPO DE VIDA NOVA 83
4ª MEMÓRIA: TEMPO DE AMOR 86

REFERÊNCIAS 87

TEMOS NOSSAS ORIGENS

1ª REFLEXÃO

FOMOS CHAMADOS PARA VIVER

Família, lugar de ser feliz

O pai, a mãe e os filhos formam uma família.

As pessoas da família, normalmente, moram na mesma casa.

Às vezes, o pai e a mãe moram em casas separadas e os filhos ficam com a mãe ou com o pai. Outras vezes, na falta da mãe ou do pai, os filhos ficam com algum parente ou amigo.

Quando Deus uniu o homem e a mulher para constituir uma família, Ele queria que ficassem juntos para sempre, mas muitas vezes isso não acontece.

Jesus teve uma família. Sua mãe se chamava Maria e seu pai adotivo, José. Ele também teve avós, que se chamavam Joaquim e Ana, que eram os pais de Maria.

Os avós, os tios e os primos também são pessoas da família, são os parentes.

As famílias não são todas iguais.

Algumas famílias têm tudo o que precisam para viver bem.

Outras passam por muitas dificuldades para sustentar seus filhos.

Depois de pensar no que você leu sobre as famílias, escreva o que você acha que uma família precisa para ser feliz.

_____
_____
_____
_____

Quando uma família é unida, podemos aprender muitas coisas com ela. Escreva algumas dessas coisas.

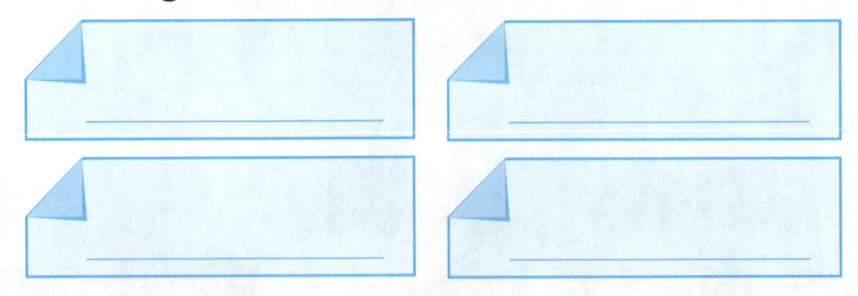

_____   _____

_____   _____

Entretanto, quando uma família não é unida, podemos aprender com outras pessoas o amor, o respeito, a partilha, a solidariedade.

Use o espaço abaixo para colar uma foto da sua família ou, se preferir, faça um desenho das pessoas que fazem parte dela. Não esqueça de escrever quem são as pessoas da sua família.

**OBRIGADO, SENHOR,
PELAS PESSOAS QUE ME AJUDAM A CRESCER!**

Todos nós temos uma história para contar. É a história da nossa vida. Você também tem a sua. Pergunte para alguém de sua família e complete:

Meu nome é _____ , nasci no dia _____ de _____ do ano _____ .

Quando nasci, eu era muito pequeno. Pesava _____ quilos e media _____ centímetros.

O que você acha que sabia fazer quando nasceu?

Você sabe dizer por que chorava quando era pequeno?

Hoje você ainda chora? Quando?

O primeiro presente que você recebeu quando nasceu foi um nome.

Escreva aqui o seu nome e enfeite como quiser.

Ter um nome é muito importante!

Tudo tem nome: cachorros, gatos, passarinhos, rios...

Até pedras têm nomes: esmeralda, rubi, ametista, diamante, safira...

As árvores também têm nomes: laranjeira, goiabeira, pessegueiro, limoeiro...

A seguir, ouça uma história que o professor vai ler para a turma.

Há mais de dois mil anos, a cidade de Belém estava cheia de gente. Todos foram até lá porque os governantes daquele tempo queriam saber quantas pessoas existiam no seu governo. José e Maria também foram. Chegando a Belém, Maria, que estava esperando um bebê e que havia viajado muito tempo em cima de um burrinho, estava cansada e queria encontrar um lugar para dormir. Maria e José procuraram muito, mas não acharam lugar nas hospedarias. Então, eles foram descansar onde dormiam os animais.

Naquela noite, ali junto dos animais, nasceu um menino. Maria lhe deu o nome de JESUS.

JESUS significa DEUS SALVA.

Assim como o nome de Jesus tem uma história e um significado, o seu nome também tem.

HONTHORST, Gerard von. **Adoração dos pastores**. 1622. Óleo sobre tela, 150 cm x 191 cm. Wallraf-Richartz-Museum, Colônia (Alemanha).

Converse com seus pais ou parentes e peça para que eles escrevam nas linhas a seguir a história e o significado do seu nome.

_____
_____
_____
_____
_____

O que é?

Quando nasci, eu não o tinha, escolheram e me deram, mas agora que é meu, usam muito mais do que eu.

Sugestão de leitura

GRAÇAS A DEUS PELA VIDA
Luíz Arrué, Liliana de Devoto, João Pisano.
Ed. Paulinas

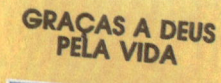

2ª REFLEXÃO

TEMOS DIREITO A UM LUGAR PARA MORAR

Pense e escreva.
Para que servem as casas?

A casa é um lugar importante. Além de nos proteger, ela é também aquele cantinho especial, onde nos sentimos acolhidos no final de um dia de trabalho, de estudo, na volta de uma viagem ou de um passeio...

Mas, para que a casa seja esse cantinho gostoso, é preciso que ela apresente condições de vida favoráveis ao ser humano.

Esta é uma casa vazia. Desenhe dentro dela as partes que você considera importantes.

Na verdade, nem todas as casas são da maneira como você idealizou.

As diferenças sociais e econômicas entre as pessoas fazem com que uns tenham casas boas com tudo o que precisam para viver bem, enquanto outras pessoas moram em casas sem o menor conforto.

Observe as figuras abaixo e descreva as características das casas que elas representam, dizendo o que você acha que elas têm e o que precisariam ter para que as famílias que ali habitam possam viver com dignidade.

Deus criou as pessoas para que elas fossem felizes. Certamente Ele gostaria de olhar para a humanidade e ver todas as pessoas vivendo com dignidade, em harmonia entre si e com a natureza, alimentando-se bem e morando em casas com o conforto necessário.

Porém, a falta de emprego, o egoísmo de muitos, as injustiças, a falta de amor ao próximo, contribuem para que muitos seres humanos não tenham o mínimo necessário para sua subsistência.

Enquanto alguns moram em casas muito espaçosas e cheias de conforto...

... muitos moram em barracos apertados, sem nenhuma condição de higiene e saúde.

Outros, ainda, moram nas ruas, dormem nas calçadas, embaixo de pontes e viadutos, expostos à chuva, ao frio e a perigos constantes.

A sua casa é parecida com alguma das que foram citadas anteriormente? Descreva como é a sua casa.

O que você gostaria de fazer para ajudar as pessoas que não têm onde morar? Discuta com os colegas na roda de conversa.

Vamos construir uma casa com dobradura.
Você precisará de dois pedaços de papéis coloridos.

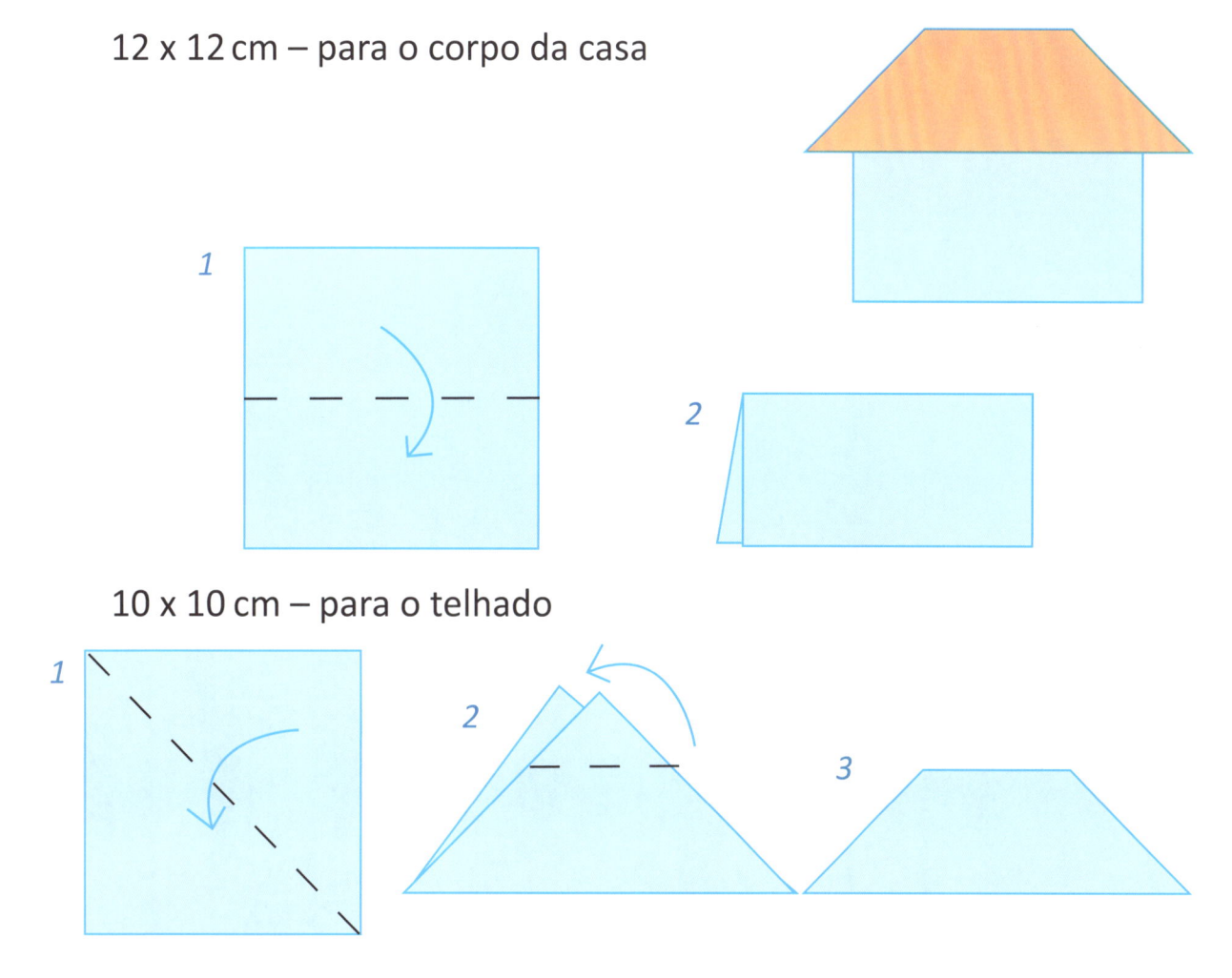

12 x 12 cm – para o corpo da casa

10 x 10 cm – para o telhado

Depois de recortar e dobrar, junte e cole na página seguinte completando com uma linda paisagem.

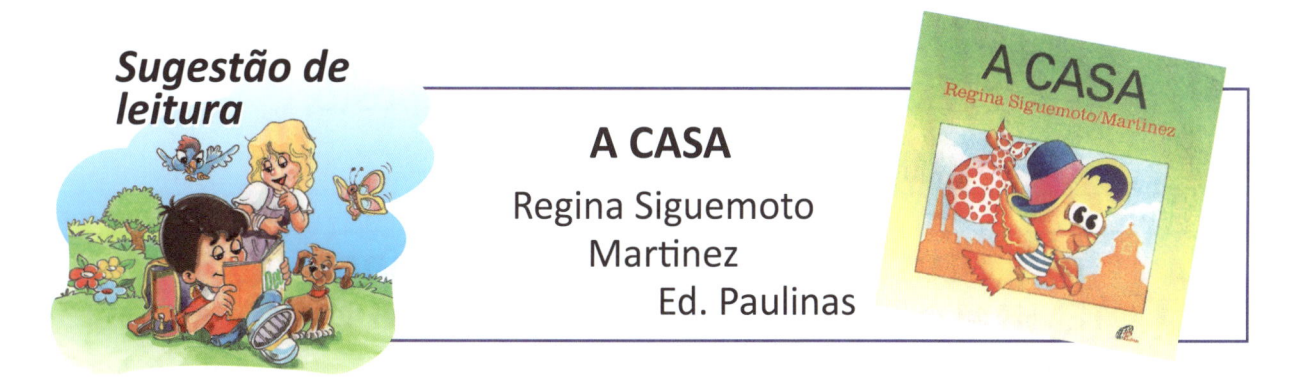

Sugestão de leitura

A CASA

Regina Siguemoto
Martinez
Ed. Paulinas

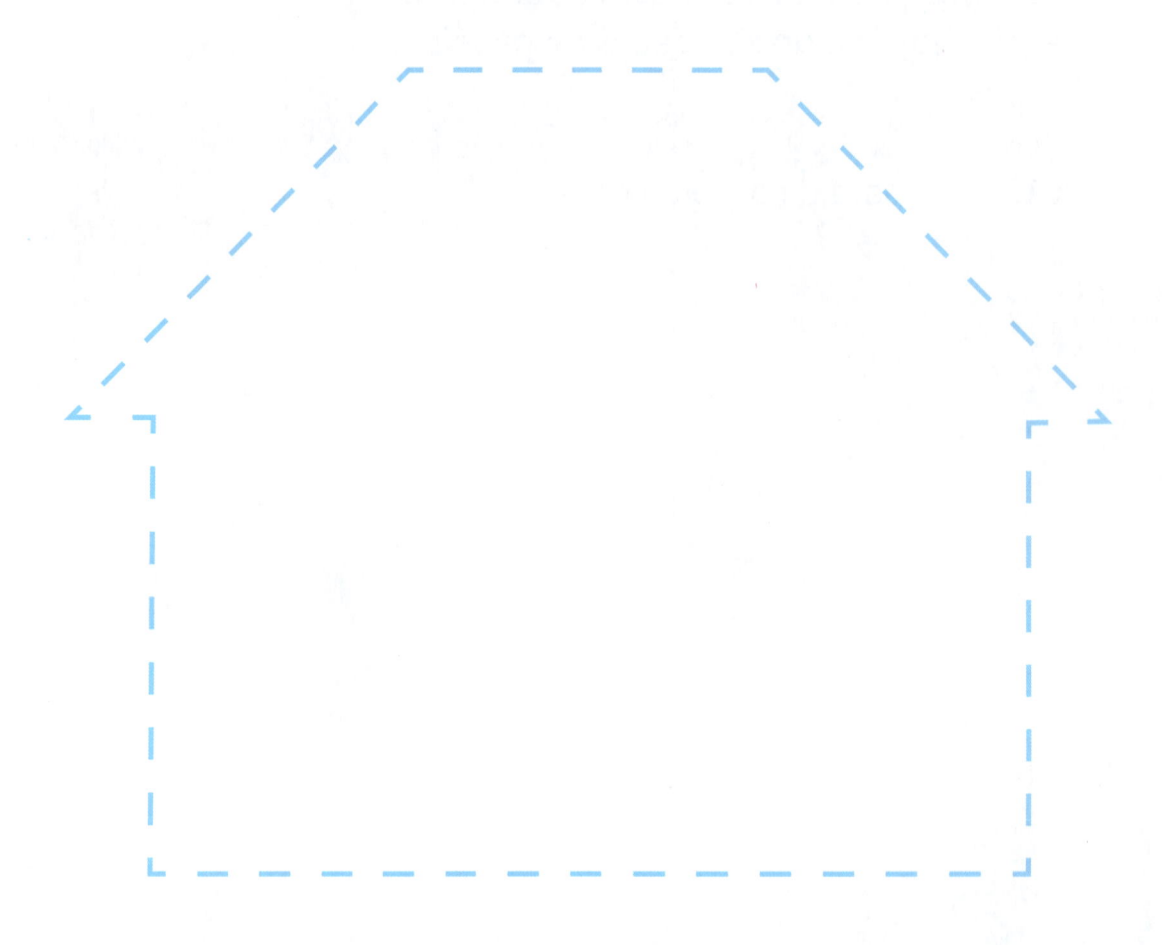

A falta de moradia digna faz com que muitas crianças adoeçam, pois ficam expostas ao relento ou moram em lugares sem higiene, perto de água suja, com lixo exposto.

DEUS É NOSSO PAI E QUER QUE TODOS TENHAM O MESMO DIREITO DE MORAR NUMA CASA DIGNA DE UM SER HUMANO.

3ª REFLEXÃO

SOMOS CHAMADOS A CRESCER EM SABEDORIA, IDADE E GRAÇA, COMO JESUS

Após o seu nascimento, você não ficou sempre um bebê. Foi crescendo e continuará a crescer por algum tempo.

Use os espaços disponíveis e cole duas fotos ou figuras nas quais você possa comparar o seu crescimento ou o crescimento de outras pessoas.

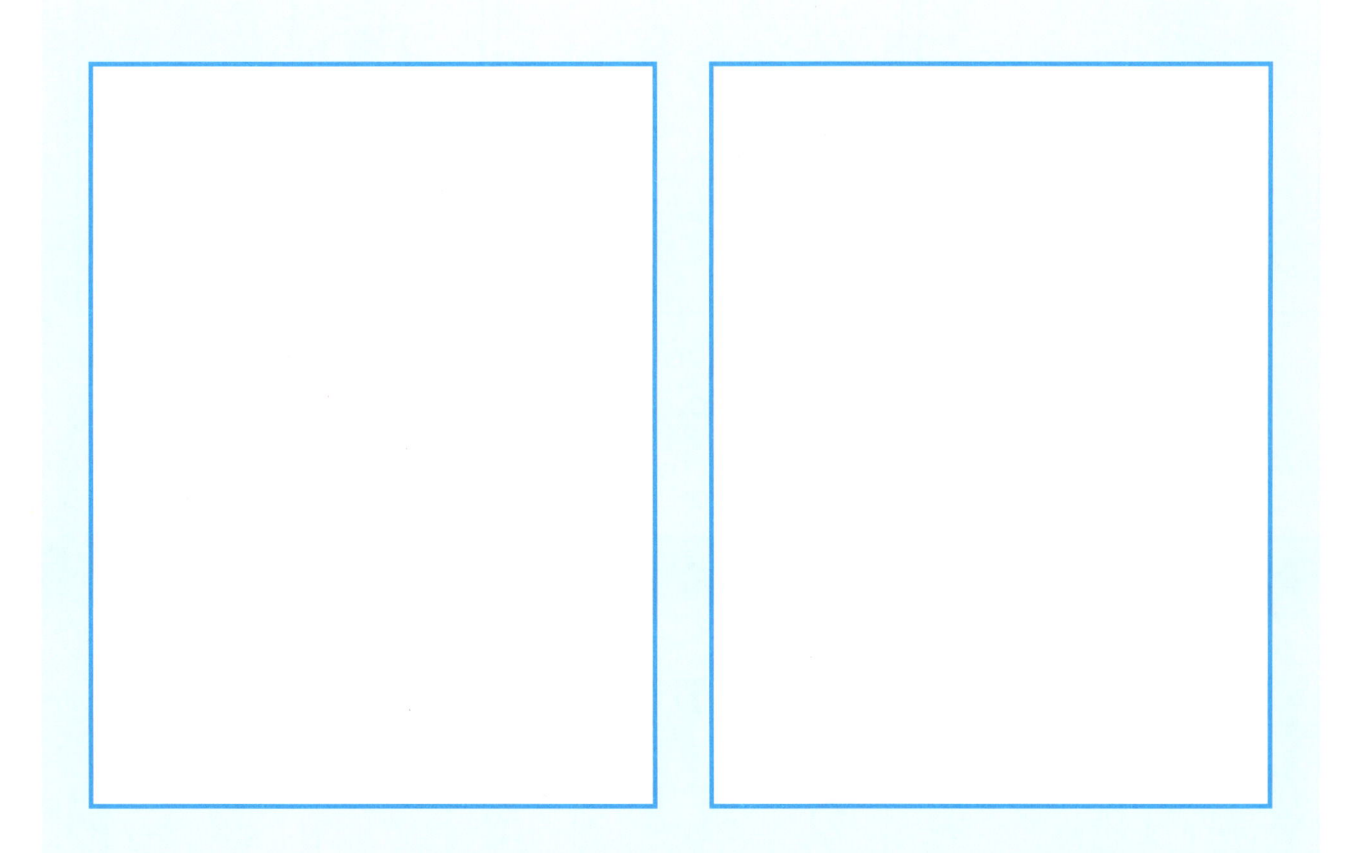

Deus nos criou para sermos felizes.

À medida que vamos crescendo em nosso corpo, precisamos também crescer no amor a Deus, que nos criou, e no amor por todas as criaturas.

Jesus crescia em tamanho, em sabedoria e no amor a Deus e às pessoas.

Recorte e cole figuras que representem uma pessoa crescendo:

EM TAMANHO	EM SABEDORIA	EM AMOR

Descubra e pinte as palavras que mostram o crescimento no amor a Deus e às pessoas e escreva ao lado.

```
A B C D A M O R E F G H
O R A Ç Ã O J L M N O P
R S T U C A M I Z A D E
F R A T E R N I D A D E
```

Junto com seus colegas, forme um painel com figuras que representem situações de vida.

QUANTO MAIS AMO E RESPEITO OS OUTROS, MAIS PESSOA EU ME TORNO!

4ª REFLEXÃO

SOMOS CHAMADOS A SER GENTE

Deus nos chamou à vida!

Somos criaturas de Deus, assim como todas as outras coisas criadas.

A diferença é que Ele nos fez pessoa e para todas as pessoas Deus deu INTELIGÊNCIA, VONTADE e LIBERDADE. Mas, acima de tudo, Deus nos deu uma grande capacidade de AMAR.

Os quadros abaixo indicam o que você pode fazer com tudo o que Deus lhe deu. Desenhe ou cole figuras.

Ser amigo de todos, saber repartir o que é seu e respeitar o que é do outro.

Respeitar a natureza que Deus criou e preservá-la.

Usar a sua inteligência para fazer o bem.

IDENTIDADE

ÀS VEZES NEM EU MESMO
SEI QUEM SOU.
ÀS VEZES SOU
"O MEU QUERIDINHO",
ÀS VEZES SOU
"MOLEQUE MALCRIADO."

PARA MIM
TEM VEZES QUE SOU REI,
HERÓI VOADOR,
CAUBÓI, LUTADOR,
JOGADOR CAMPEÃO.

ÀS VEZES SOU PULGA,
SOU MOSCA TAMBÉM,
QUE VOA E SE ESCONDE
DE MEDO E VERGONHA.

ÀS VEZES SOU HÉRCULES,
SANSÃO VENCEDOR,
PEITO DE AÇO,
GOLEADOR!

MAS O QUE IMPORTA
O QUE PENSAM DE MIM?
EU SOU QUEM SOU,
EU SOU EU,
SOU ASSIM,
SOU MENINO.

Texto retirado do livro: **CAVALGANDO NO ARCO-ÍRIS**.
Pedro Bandeira – Ed. Moderna.

Vamos discutir na roda de conversa.

- O autor do texto "Identidade" diz que às vezes se sente como rei, herói, campeão... Você também se sente assim? Em que momentos isso acontece?

- Às vezes, também se sente como uma pulga, uma mosca...? Quando isso acontece?

- Você se importa muito com o que dizem de você? Por quê?

Cada indivíduo que Deus criou tem características próprias. As pessoas gostam de coisas diferentes, fazem coisas diferentes, possuem sentimentos diferentes, torcem por times diferentes. Mesmo assim, todas têm o seu valor. Diante de Deus todas são iguais.

Existem pessoas que não gostam de si mesmas, porque não se conhecem bem, não conhecem suas qualidades e ainda não descobriram o quanto são importantes.

Você é único! Não existe ninguém igual a você. Por mais que uma pessoa se pareça com a outra, sempre haverá alguma diferença, seja no corpo, na maneira de falar, de pensar, de agir ou de sentir.

Cada pessoa tem sua identidade.

Igual a você, só existe você mesmo! Deus nos fez únicos.

No espaço abaixo, de um lado faça um desenho que represente você e descreva suas características pessoais. Do outro lado, desenhe um amigo e escreva as características dele.

Figuras para a página 27.

25

Recorte as figuras da página 25 e vista o menino ou a menina de acordo com o estilo de roupa que combina com seu gosto. Se não gostar de nenhuma delas, você poderá criar outras. Pinte os cabelos e os olhos da cor dos seus. Pinte a pele da cor da sua. Faça de forma que fique o mais parecido possível com você.

SOU DIFERENTE DAS COISAS QUE ESTÃO À MINHA VOLTA. SOU GENTE! POSSO ESTUDAR, TRABALHAR, PASSEAR, BRINCAR, AMAR, ENFIM, POSSO VIVER DE FORMA INTELIGENTE!

5ª REFLEXÃO

SOMOS CHAMADOS A SER AMIGOS

Ouça a história a seguir e descubra se isso já aconteceu com você.

Thômas e Guilherme são vizinhos e amigos. Todas as tardes eles brincam no quintal da casa de um deles.

Outro dia, eles brigaram.

Ficaram sem conversar um com o outro por vários dias.

A mãe de Guilherme sentiu falta do amiguinho Thômas. Chamou os dois e conversou com eles:

— Olha, Guilherme, você precisa aprender a perdoar seus amigos.

Falou também com Thômas:

— Veja, Thômas, Deus é bom e nos perdoa sempre. Você também precisa perdoar o Guilherme pelo que aconteceu.

Os dois meninos se abraçaram e continuaram a amizade.

Alguma vez você já se desentendeu com algum de seus amigos?

O que você sentiu no momento do desentendimento?

Você sempre perdoa quando alguém lhe pede desculpas?

Você é capaz de pedir desculpas quando magoa alguém?

Faça de conta que você está conversando com um de seus amigos. Sobre o que vocês estão conversando? Imagine a história e represente-a nos quadros abaixo.

Se você fosse rezar por um amigo, o que pediria a Deus?

Reflita com seu professor, sua família e seus colegas sobre as seguintes frases:

ENCONTRAR UM AMIGO É DESCOBRIR UM TESOURO.

AMIGO É COISA PARA SE GUARDAR DO LADO ESQUERDO DO PEITO.

O professor irá organizar sua turma em equipes. Cada equipe vai confeccionar uma caixinha de presente, colocando dentro dela uma mensagem sobre AMIZADE, que será enviada para uma das equipes. Quem receber a mensagem deverá ir à frente e ler para toda a turma, dizendo o que entendeu.

Escreva aqui o nome de alguns de seus amigos.

DEUS QUER QUE SEJAMOS SEUS AMIGOS!

Sugestão de leitura

QUATRO AMIGOS
Tatiana Belinski
Ed. Paulinas

6ª REFLEXÃO

SOMOS CHAMADOS A SER FILHOS DE DEUS

Quando nascemos, passamos a fazer parte de uma família.

Quando somos batizados, passamos a fazer parte da FAMÍLIA DE DEUS.

Você já ouviu falar sobre batismo?

BATISMO é uma celebração pela qual passam todas as pessoas que seguem uma religião cristã, ou seja, que acreditam em Jesus Cristo como seu Salvador.

A figura abaixo é de uma criança sendo batizada na religião católica.

Cada religião possui uma forma diferente de celebrar o batismo.

Alguns são batizados quando bebês, outros quando jovens, outros quando bem adultos.

É pelo batismo que nos tornamos filhos de Deus!

Você foi batizado?

Se tiver uma foto de seu batismo ou do batismo de alguém da família, traga para mostrar aos seus colegas.

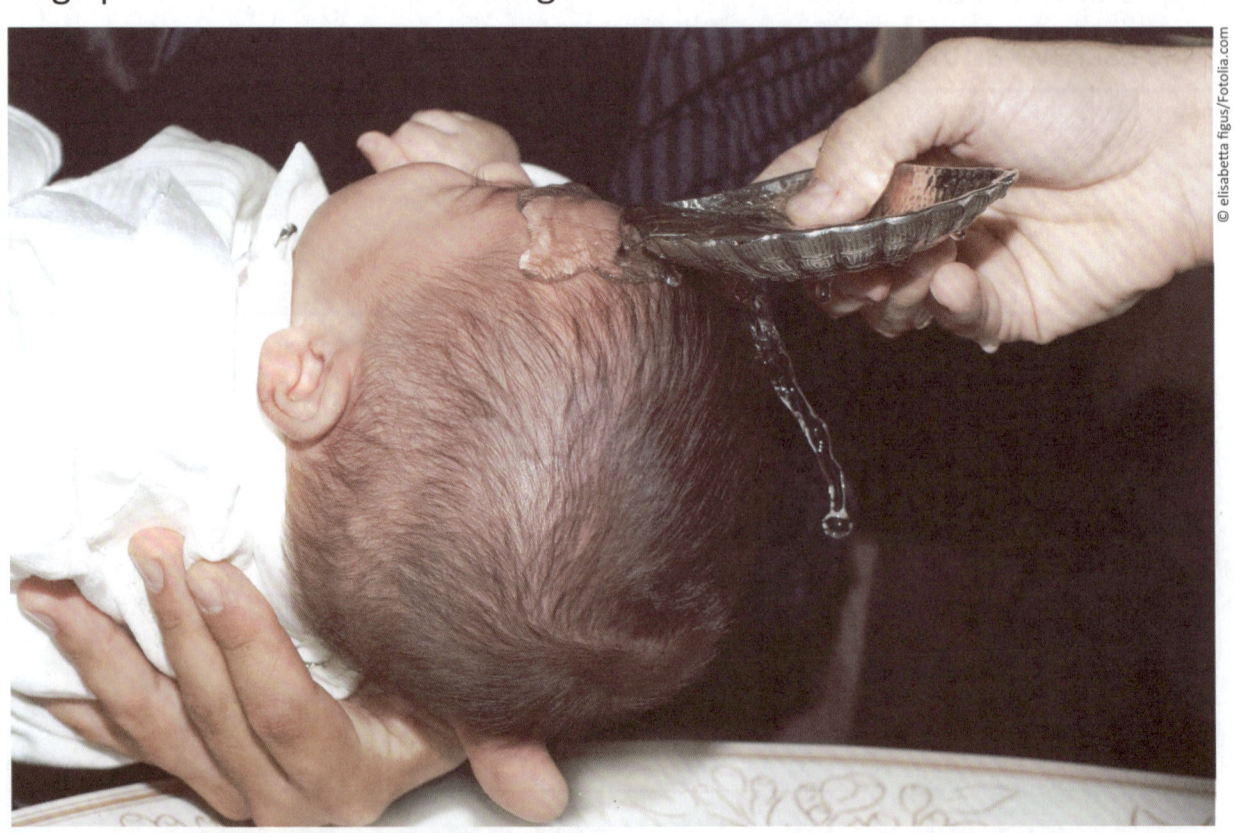

Peça aos seus pais ou parentes para que escrevam aqui a história do seu batismo, citando dia, mês, ano, sua religião, como foi que aconteceu, se você tem padrinhos, etc. Faça também uma bonita ilustração.

Jesus foi batizado por João Batista e isso aconteceu no Rio Jordão.

A água é fonte de vida. Com ela purificamos nosso corpo. Ela é o elemento principal do batismo.

A água do batismo simboliza VIDA NOVA, vontade de fazer sempre o bem a todos e viver como Jesus viveu.

NAVARRETE, Juan Fernandéz. **Batismo de Cristo**. 1567.
Óleo sobre tela, 48,5 cm x 37 cm. Museu do Prado, Madrid (Espanha).

Complete a cruzadinha:

1) O rio em que Jesus foi batizado se chama Rio ....

2) Pelo batismo eu me torno ....

3) Cada religião possui uma forma diferente para celebrar o

....

4) O símbolo mais importante usado no Batismo é a ....

5) Quem batizou Jesus foi ....

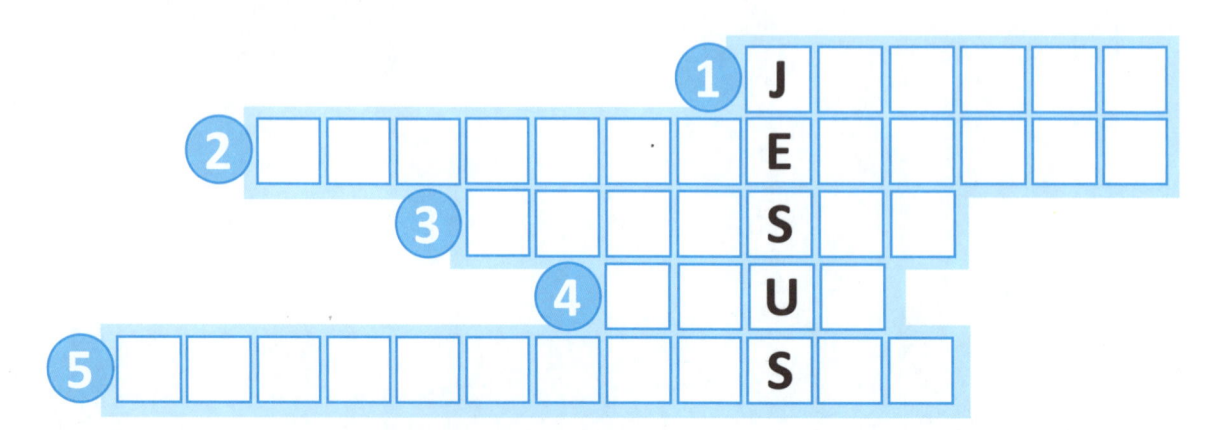

Com a ajuda de um adulto, faça uma pesquisa sobre o batismo de uma religião diferente da sua. Você poderá escrever, desenhar, recortar ou imprimir e colar. Partilhe com seus colegas.

OBRIGADO, JESUS, PORQUE PELO MEU BATISMO POSSO FAZER PARTE DA FAMÍLIA DE DEUS.

DEUS NOS DEU UM ESPAÇO PARA MORAR E CUIDAR

1ª REFLEXÃO

TERRA - LUGAR DE TODAS AS RAÇAS

No princípio, Deus criou o céu e a terra... (Gn. 1,1)

O mundo em que vivemos é muito grande. Deus, na sua infinita bondade, criou o Sol, a Lua, as estrelas, as águas, o ar, o céu, a Terra com tudo o que nela está.

A Terra é o lugar onde nós vivemos.

Dela nós tiramos o alimento para nossa sobrevivência. Foi criada por Deus, para que todas as criaturas pudessem ser felizes.

O planeta Terra é a casa de todos os povos, de todas as raças.

Somos de muitas cores, temos modos de vida diferentes, mas todos pertencemos à mesma família: **A FAMÍLIA HUMANA.**

Somos o povo do **PLANETA TERRA.**

Recorte o quebra-cabeça da página seguinte, e cole aqui.

Em Jesus somos todos irmãos. Não importa a idade, não importa a cor, não importa a raça. Deus é Pai da humanidade e quer que todos se respeitem e se amem como irmãos.

Juntos, podemos construir um mundo de paz e igualdade.

Sugestão de leitura

DIVERSIDADE

Tatiana Belinski
Quinteto Editorial

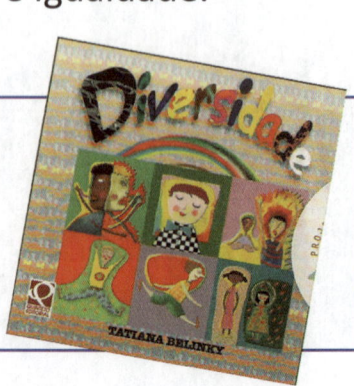

Recorte e monte o quebra-cabeça e descubra que todas as raças formam o POVO DE DEUS.

2ª REFLEXÃO

ÁGUA - PRESENTE DE DEUS

Pense um pouco e responda.

Desde que você acorda, pela manhã, até à noite, quando vai dormir, em quantos momentos você e sua família utilizam a água?

_____

_____

_____

SOCORRO! SALVEM A ÁGUA DO PLANETA!

A água é um elemento da natureza, criado por Deus, indispensável para a continuação da vida no planeta Terra.

O que muitas pessoas não sabem é que a água pode acabar se não forem tomados cuidados especiais com ela.

Quando as pessoas poluem a água, ou seja, jogam lixo e agrotóxicos nos rios, ela não deve mais ser usada para o consumo, pois pode causar muitas doenças e até a morte de pessoas, animais e plantas.

Quando Deus criou a água, viu que ela era muito boa.

Observe as figuras abaixo e pinte aquela que representa a água como Deus a criou.

O que você, sua família e seus colegas podem fazer para cuidar mais da natureza que Deus nos deu?

Além de não poluir a água, também precisamos economizar, ou seja, usar somente o necessário, sem desperdiçá-la.

Quando ganhamos um presente de alguém que amamos muito, fazemos o possível para preservá-lo.

Com os presentes que Deus nos dá devemos fazer a mesma coisa.

Então, vamos cuidar da água que Deus nos deu.

De acordo com os desenhos a seguir, o que cada pessoa deveria fazer para não jogar fora esse presente de Deus?

**VAMOS CUIDAR DA ÁGUA
QUE DEUS NOS DEU! ELA É FONTE DE VIDA!**

Sugestão de leitura

PERCORRENDO OS CAMINHOS DA ÁGUA
Caroline Rauch Vizentin
Editora Base

3ª REFLEXÃO

VERDE - CUIDANDO DELE, CUIDAMOS DA VIDA QUE DEUS NOS DEU

Deus é bom e tudo o que Ele faz é perfeito. Criou o céu, as estrelas, a terra, o mar, as plantas...
E DEUS VIU QUE TUDO ERA BOM!

Quando Deus criou as plantas, Ele quis que elas fossem importantes para a nossa vida, pois purificam o ar, produzem sombras, dão frutos que nos alimentam, fornecem muitos outros produtos importantes para nossa sobrevivência.

As plantas são indispensáveis na nossa vida, isto porque elas liberam oxigênio, o que permite a respiração da maior parte dos seres vivos. Saiba que a Terra seria um planeta sem vida se não existissem plantas.

Com ajuda do seu professor, escreva algumas utilidades das plantas.

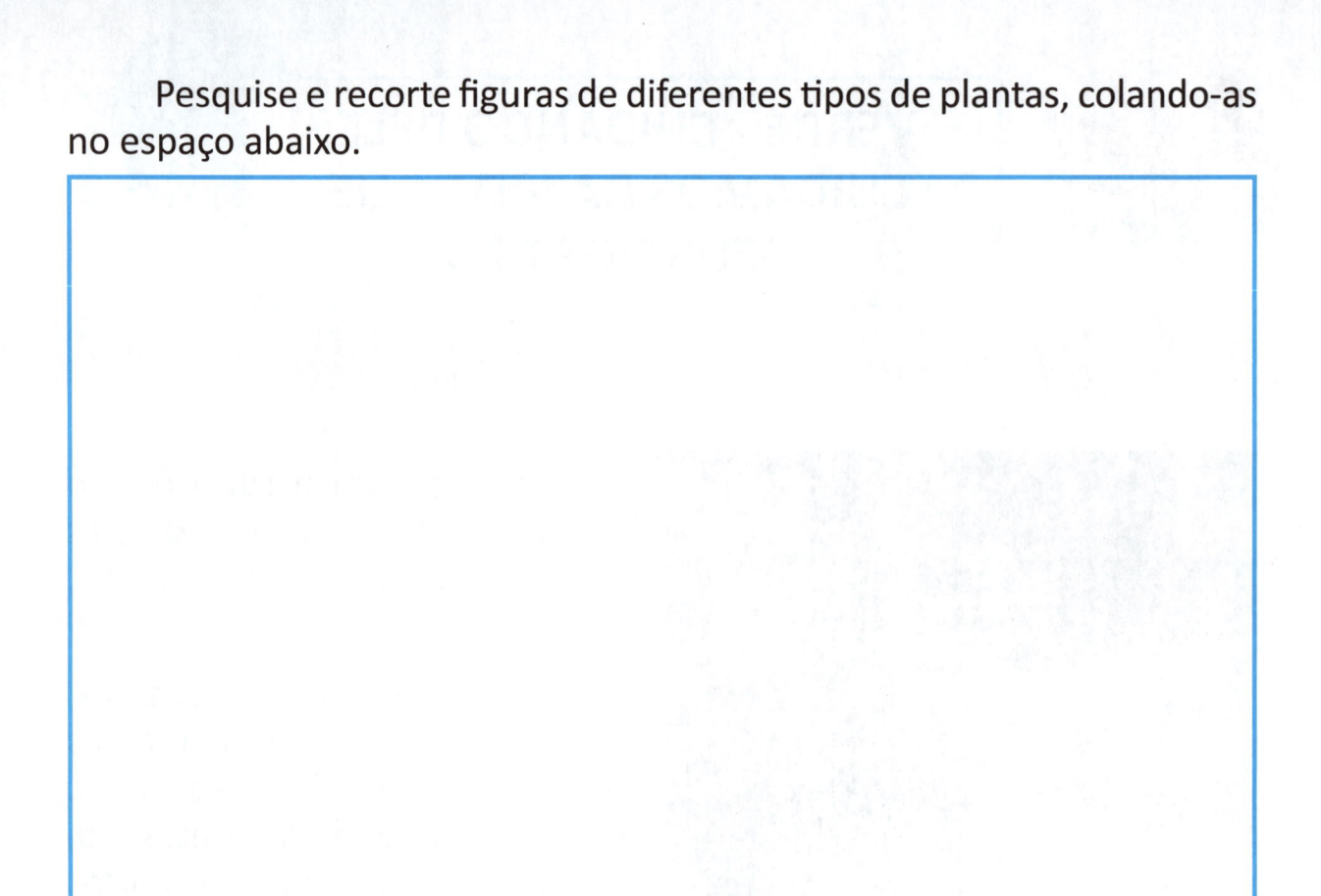

Pesquise e recorte figuras de diferentes tipos de plantas, colando-as no espaço abaixo.

Procure no diagrama, palavras que mostrem que Deus está presente na natureza.

ANIMAIS - ÁGUA - FLORES - PLANTAS - AR

A	N	I	M	A	I	S	A	B	C	D	E
F	G	H	I	J	L	M	N	O	P	Q	R
S	T	U	V	X	Á	G	U	A	Z	A	Q
W	E	R	T	I	U	I	O	P	A	S	D
H	F	L	O	R	E	S	G	H	J	K	L
Q	Z	X	C	V	B	N	M	Q	W	E	R
T	Y	U	I	P	L	A	N	T	A	S	O
A	S	D	F	G	H	J	K	L	Q	Z	X
C	V	B	N	M	Q	W	E	R	T	Y	U
I	O	P	A	S	D	F	G	A	R	H	J

As árvores são amigas. Elas nos dão vida através dos alimentos; nos dão saúde, purificando o ar; nos dão remédios, com as ervas medicinais, além de muitas outras coisas.

Elas também são presentes de Deus para nós. Por isso, precisamos cuidar delas com muito carinho.

Observe as figuras abaixo e escreva o que você acha da atitude das pessoas.

Toda a turma, junto com o professor, fará uma bonita oração coletiva. Em seguida, copie-a abaixo.

... E DEUS VIU QUE TUDO ERA BOM!

Sugestão de leitura

O 4º SOLDADO DA NATUREZA
Marco Antonio Bonato
Ed. FTD

4ª REFLEXÃO

AR - O QUE ESTAMOS RESPIRANDO?

Os seres vivos estão continuamente respirando. A respiração acontece tão naturalmente que, às vezes, nem nos damos conta.

O ar também é um presente de Deus!

Experimente ficar sem respirar por alguns momentos. Aí sim, você vai perceber o quanto o ar é importante.

Mas não basta poder respirar. É importante respirar um ar com qualidade.

Será que respiramos um ar puro e saudável, como aquele que Deus fez para nós?

Será que o ar que respiramos não está poluído, transmitindo doenças?

Quando Deus nos deu o ar, **ele viu que tudo era bom!**

São as pessoas que não valorizam este presente de Deus e contaminam tudo com fumaças poluidoras que deixam o ar com má qualidade, podendo levar doenças para os seres vivos.

Observe a figura e responda.

Olhando para a situação acima, que palavras ou sentimentos você poderia expressar?

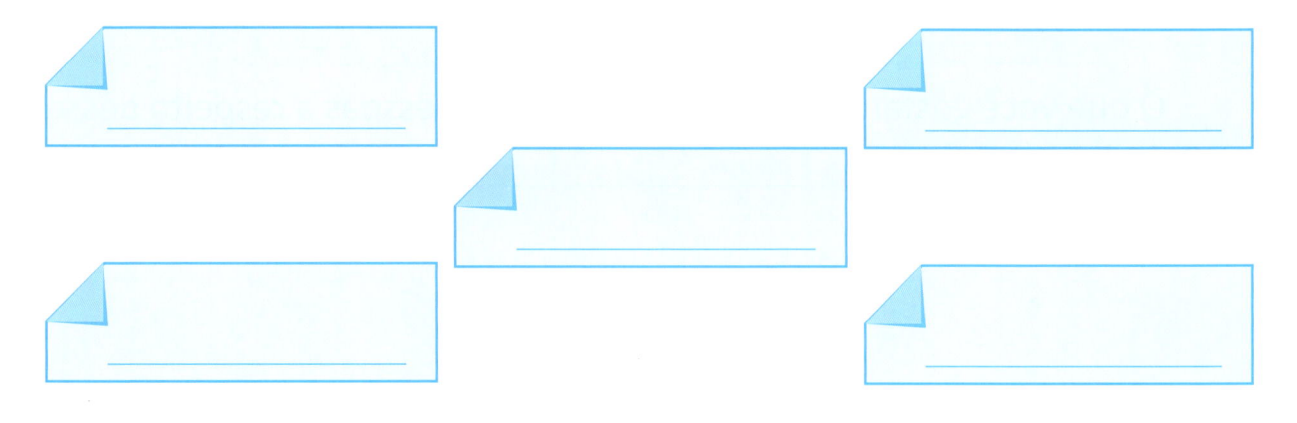

_____   _____

_____

_____   _____

Por que será que o ar está dessa maneira?

_____
_____
_____
_____

Observe:

Até que enfim ar puro para respirar!

De que forma o ar está representado aqui?

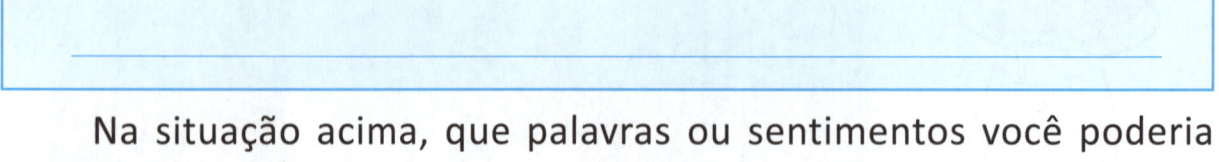

_____
_____

Na situação acima, que palavras ou sentimentos você poderia expressar?

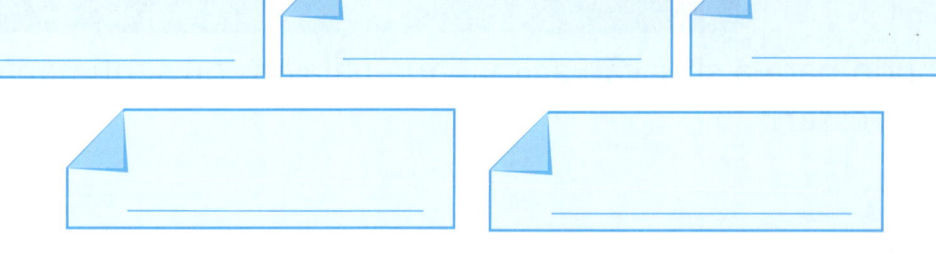

O que você gostaria de dizer para todas as pessoas a respeito desse assunto?

_____
_____
_____

QUANDO DEUS FEZ O AR, VIU QUE ELE ERA MUITO BOM!

Sugestão de leitura

QUE PLANETA É ESSE?
Regina Coeli Rennó
Ed. FTD

5ª REFLEXÃO

ANIMAIS - SÃO CRIATURAS DE DEUS. VAMOS DEIXÁ-LOS VIVER

Eles estão em todos os lugares!
Fazem parte do nosso mundo!
Estão na água!
Estão no ar!
Estão na terra!
Estão no mar!
Os animais são nossos amigos!
Eles também são presentes de Deus.

Você tem um bichinho de estimação?

Se tiver, cole no espaço abaixo uma figura, uma foto ou faça um desenho que o represente, dizendo por que gosta tanto dele.

Se não tem, represente um que gostaria de ter.

Deus criou o céu, a terra, o mar, as plantas, os animais... e viu que tudo era bom!

Mas muitas pessoas não valorizam a criação de Deus e destroem a natureza.

Existem muitas espécies de animais no mundo que estão ameaçadas de extinção, isto é, se as pessoas não cuidarem delas, eles não poderão continuar vivendo.

Você conhece algum animal que está ameaçado de extinção?

Com a ajuda do seu professor pesquise, desenhe ou cole uma figura escrevendo sobre esse animal.

O que você gostaria de dizer para todas as pessoas sobre esse assunto? Reúna-se com mais alguns colegas e criem um cartaz sobre isso, colocando-o em um lugar que possa ser visto por todas as pessoas da sua escola.

QUEM FEZ OS LINDOS ANIMAIS
BEM SEI QUE NÃO FUI EU.
QUEM FEZ O LINDOS ANIMAIS?
FOI O NOSSO PAI DO CÉU!

Na página 55 você encontrará material necessário para fazer uma linda girafa com dobradura. Siga as instruções e cole aqui. Enfeite como quiser.

PERNAS

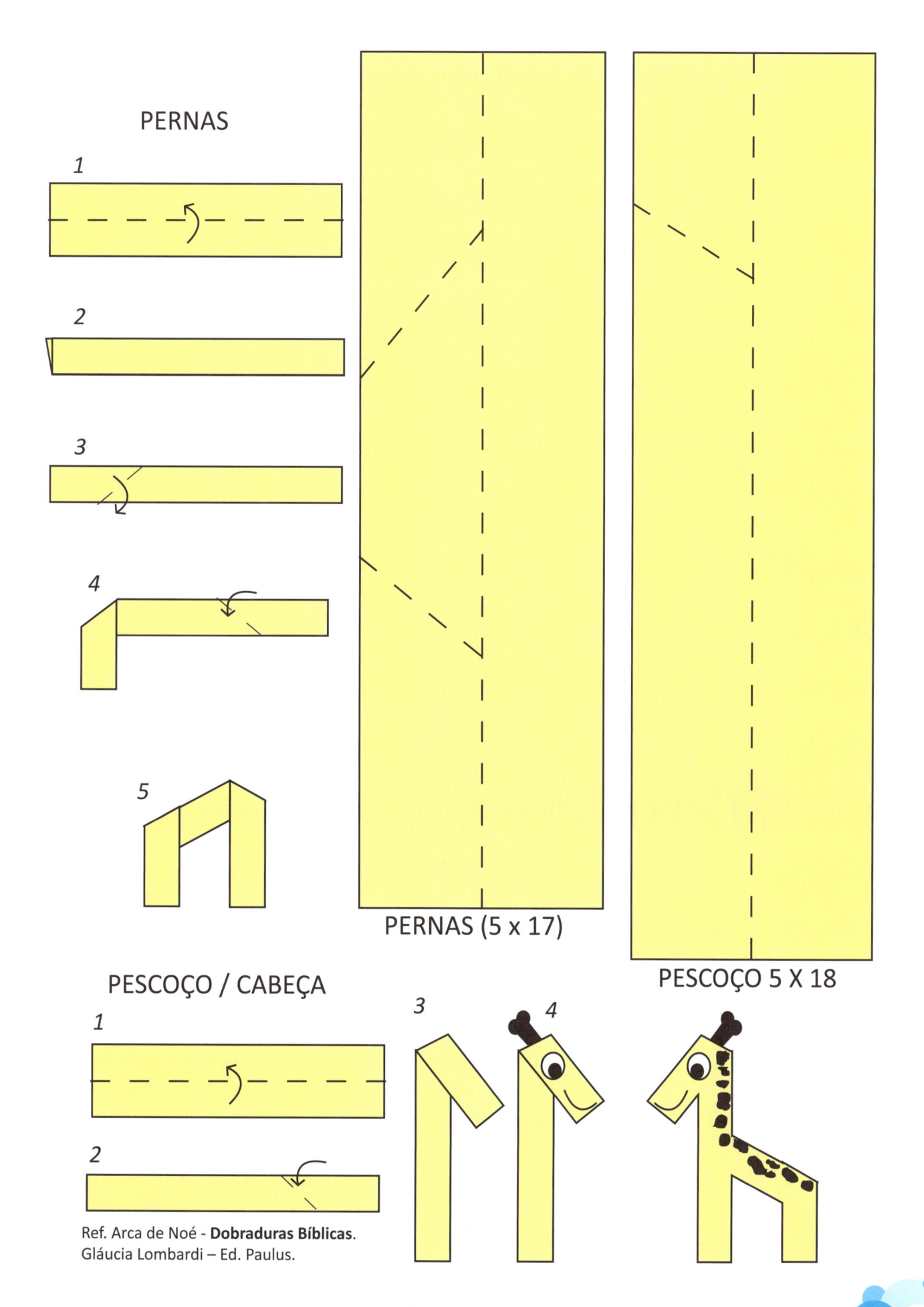

1

2

3

4

5

PERNAS (5 x 17)

PESCOÇO 5 X 18

PESCOÇO / CABEÇA

1

2

3

4

Ref. Arca de Noé - **Dobraduras Bíblicas**.
Gláucia Lombardi – Ed. Paulus.

DEUS NOS CONVIDA A CONVERSAR COM ELE

1ª REFLEXÃO

COMUNICAÇÃO - OUVIR, FALAR, VER, EXPRESSAR...

No mundo moderno a comunicação nos faz mais solidários, porque é através dela que sabemos o que acontece, longe e perto de nós.

Utilize o espaço abaixo e desenhe ou cole figuras de meios de comunicação que você conhece ou sobre os quais ouviu falar.

Qual destes meios de comunicação você mais usa?

É bonito a gente se comunicar. As pessoas se comunicam quando falam, quando escrevem, quando ouvem, quando dançam...

FALAR, CANTAR, DANÇAR também são formas das pessoas se comunicarem.

Para nossa comunicação ser perfeita, precisamos saber OUVIR, saber FALAR e saber se EXPRESSAR na hora certa.

Jesus sempre usou a comunicação para fazer o bem às pessoas.

A televisão, o computador, o telefone, são meios de comunicação que têm muito poder sobre nossa vida.

O que você aprende de bom com os meios de comunicação?

Nos meios de comunicação, tem algum programa que você acha que não é bom? Por quê?

Faça de conta que você é um repórter e vai dar uma boa notícia para a humanidade. Que meio de comunicação usaria?

Pronto, agora você poderá brincar de repórter e comunicar a sua mensagem.

Os meninos estão se comunicando.

O que será que eles estão falando?

POSSO ME COMUNICAR COM DEUS E COM SUAS CRIATURAS.

2ª REFLEXÃO

BÍBLIA - UMA GRANDE CARTA DO AMOR DE DEUS

A BÍBLIA é o livro que nos fala do amor que Deus tem para com as suas criaturas.

Nela encontramos também os ensinamentos de Jesus. Ela é uma forma que Deus encontrou para se comunicar com todas as pessoas.

Lendo a Bíblia conhecemos melhor o que Deus fez pelas pessoas desde que as criou, e o que ainda continua fazendo.

Ela nos ensina a viver o perdão, a verdade, a partilha, o amor, a fraternidade, a paz, enfim, tudo o que nos ajuda a crescer e a viver em comunhão com os outros.

O principal personagem da Bíblia é Jesus.

Quem lê a Bíblia, aprende a querer bem e a respeitar tudo o que Deus criou.

**A PALAVRA DE DEUS É A VERDADE!
SUA LEI, LIBERDADE!**

A Bíblia foi escrita por pessoas que, inspiradas por Deus, quiseram nos contar como Ele se preocupa conosco e nos quer ver felizes.

Procure no caça-palavras o que Deus quis comunicar através da Bíblia:

Q	W	E	R	T	Y	P	E	R	D	Ã	O
U	A	M	O	R	I	O	P	A	S	D	F
G	H	J	K	L	Ç	Z	X	C	P	A	Z
C	V	B	N	J	U	S	T	I	Ç	A	M
Q	W	E	R	T	Y	U	I	O	P	A	S
O	R	A	Ç	Ã	O	D	F	G	H	J	K
L	Z	X	C	V	B	N	M	Q	W	E	R
A	S	D	F	R	E	S	P	E	I	T	O
Z	X	C	V	B	N	M	Q	W	E	R	T
F	R	A	T	E	R	N	I	D	A	D	E
A	S	D	F	G	H	J	K	L	Z	X	C
Q	W	I	G	U	A	L	D	A	D	E	B

Escreva, nas pétalas da flor, o que você encontrou no caça-palavras.

Vamos comunicar nosso amor a Deus e à sua Palavra, cantando:

EU VIM PARA ESCUTAR
TUA PALAVRA, TUA PALAVRA,
TUA PALAVRA DE AMOR.
EU QUERO ENTENDER MELHOR
TUA PALAVRA, TUA PALAVRA,
TUA PALAVRA DE AMOR.

(Pe. Zezinho)

É muito bom ler recados de pessoas que amamos. Quando lemos a Bíblia, estamos lendo recados que Deus mandou escrever para nós.

Que tal você também mandar um recadinho de Deus para alguém? É fácil. Pegue uma folha de papel e dobre em quatro partes. Corte a parte de baixo que ficou emendada e você terá um livrinho com oito páginas. Nelas, você irá escrever e desenhar mensagens e enviar a alguém.

Vamos fazer uma oração coletiva, agradecendo a Deus pela sua palavra de amor.

**A PALAVRA DE DEUS É A LUZ
PARA O NOSSO CAMINHO.**

3ª REFLEXÃO

JESUS NOS ENSINA A COMUNICAÇÃO COM DEUS

Quando Jesus queria conversar com Deus, Ele se retirava, ia até as montanhas e rezava.

Os seus amigos estavam curiosos para saber como Jesus se comunicava com Deus.

Um dia, um amigo de Jesus disse:

— Jesus, ensina a gente a rezar!

Então Jesus falou:

— Quando vocês quiserem rezar é só dizer:

"Pai nosso, que estais no céu!
Santificado seja o vosso nome!
Venha a nós o vosso reino!
Seja feita a vossa vontade,
assim na terra, como no céu!
O pão nosso de cada dia, nos dai hoje.
Perdoai-nos as nossas ofensas,
assim como nós perdoamos a quem nos tem ofendido.
E não nos deixeis cair em tentação,
mas livrai-nos do mal. Amém."

Devemos adquirir o costume de rezar. Em qualquer lugar podemos louvar, pedir, agradecer...

Jesus rezava bastante, em diferentes lugares.

Veja o que diz a Bíblia e desenhe, de acordo com o texto, onde Jesus rezava.

NAS MONTANHAS	NO DESERTO
"Jesus mandou que seus discípulos passassem para a outra margem e subiu a montanha para rezar sozinho." Mt. 14, 22-23	"Em seguida, Jesus foi ao deserto para rezar." Mc. 1, 35
NO MAR	**NO TEMPLO**
"... Então subiu no barco com seus discípulos.".. Lc. 8, 22	"Minha casa é a casa de oração." Mc. 11, 17

De que forma você costuma rezar?

Você e sua família participam de alguma comunidade de oração? Qual é a igreja da qual participam?

Rezar é importante!

A oração nos torna pessoas fortes, nos traz alegria e paz.

Rezando, ficamos mais próximos de Deus.

Pinte de azul as palavras que mostram o que você gostaria de pedir a Deus na sua oração e de amarelo as palavras que mostram o que você gostaria que não existisse na vida das pessoas.

PARTILHA	PAZ	AMOR
SAÚDE	EGOÍSMO	JUSTIÇA
MEDO	MISÉRIA	FÉ
TRABALHO	FOME	FELICIDADE
ESTUDO	ALEGRIA	PERDÃO
ORAÇÃO	SOLIDARIEDADE	FRATERNIDADE

DAMOS GRAÇAS A DEUS PAI POR TUDO QUE ELE FEZ POR NÓS!

Sugestão de leitura

MINHA INSEPARÁVEL BÍBLIA

Karin e Torben Juhl
Ed. Paulinas

4ª REFLEXÃO

JESUS NOS ENSINA A CONVIVER

Jesus sempre teve muitos amigos.

Ele conta, na Bíblia, muitas histórias, através das quais podemos ver como era o seu relacionamento com as pessoas.

Leia com atenção esta história de Jesus e Zaqueu.

Zaqueu era um cobrador de impostos e tinha muito dinheiro. Mas não era feliz.

Ele procurava amigos, mas ninguém gostava dele. Um dia, ouviu alguém falar sobre Jesus.

Como era muito baixinho, subiu numa árvore para ver quando Ele passasse por ali.

Ao vê-lo, Jesus disse:

— Zaqueu, hoje vou jantar em sua casa.

Zaqueu ficou muito feliz e preparou uma grande festa para Jesus.

Então Jesus disse a Zaqueu:

— As pessoas não gostam de você porque você rouba o que é dos outros. Devolva tudo o que não é seu e você será feliz.

Zaqueu fez o que Jesus mandou, ficou amigo Dele e de muita gente.
(Lucas, 19, 1-10)

Pinte de vermelho as atitudes de Zaqueu antes de conhecer Jesus.

☐ Cobrava impostos muito caros.

☐ Roubava dinheiro do povo.

☐ Não ajudava os pobres.

☐ Repartia seus bens com os outros.

☐ Só pensava em si mesmo.

☐ Não tinha amor no coração.

Agora, pinte de azul as atitudes de Zaqueu depois de conhecer Jesus.

☐ Recebeu Jesus em sua casa.

☐ Devolveu ao povo o que havia roubado.

☐ Repartiu seus bens com os pobres.

☐ Prometeu seguir os ensinamentos de Jesus.

☐ Não fez nada do que Jesus ensinou.

☐ Ficou feliz.

Copie na árvore de Zaqueu o que podemos aprender na convivência com Jesus.

Conhecer melhor a Deus.
Ser feliz.
Construir um mundo melhor.
Respeitar o que é dos outros.
Ser amigo.
Ser solidário.

Jesus é o seu melhor amigo. Nele você pode confiar sempre. O que você gostaria de dizer a Ele neste momento?

JESUS QUER MORAR NO SEU CORAÇÃO.

VALSINHA DO ZAQUEU

ZAQUEU ERA UM HOMEM BAIXINHO / E TINHA MUITO DINHEIRO

ZAQUEU TINHA MUITO DINHEIRO / MAS ERA UM POBRE COITADO.

ZAQUEU ERA UM POBRE COITADO / PORQUE ERA DESPREZADO.

ZAQUEU ERA DESPREZADO / PORQUE ELE ERA LADRÃO.

MAS UM DIA ZAQUEU SUBIU NUMA ÁRVORE

PARA PODER ENXERGAR JESUS.

E EM SUA VIDA TUDO MUDOU

PORQUE JESUS NÃO O DESPREZOU.

SOBROU IMENSA ALEGRIA NO

CORAÇÃO DE ZAQUEU.

QUE PARA O BEM CRESCEU, CRESCEU.

ZAQUEU VIDA NOVA VIVEU.

ZAQUEU DESCEU

DA ÁRVORE

E FOI SEGUINDO,

SEGUINDO JESUS.

Maria Sardenberg – **CD Sementinha 1** – Ed. Paulinas

5ª REFLEXÃO

JESUS NOS CONVIDA A VIVER EM SOLIDARIEDADE

Jesus sempre esteve preocupado em ajudar as pessoas.

Certo dia, Ele foi convidado para uma festa de casamento. Chegando lá, percebeu que o vinho tinha acabado.

Maria, a mãe de Jesus, disse:

—Filho, eles não têm mais vinho!

Jesus mandou que enchessem todas as vasilhas com água.
Então, ergueu os olhos para o céu, rezou, abençoou aquela água e ela se transformou em vinho.

(Jo. 2,1-11)

Use os quadros abaixo e desenhe a história que você acabou de ler.

Jesus e Maria tiveram um gesto solidário para com aqueles noivos. Jesus praticou muitos outros atos de solidariedade:

TISSOT, James. **Sermão da Montanha**. 1886. Brooklyn Museum, Nova Iorque (EUA).

Perdoou a todos.

Lucas 17,3-4 – "Tende cuidado de vós mesmos; se teu irmão pecar, repreende-o; e se ele se arrepender, perdoa-lhe. Mesmo se pecar contra ti sete vezes no dia, e sete vezes vier ter contigo, dizendo: Arrependo-me; tu lhe perdoarás."

Marcos 11,25-26 – "Quando estiverdes orando, perdoai, se tendes alguma coisa contra alguém, para que também vosso Pai que está no céu, vos perdoe as vossas ofensas. Mas, se vós não perdoardes, também vosso Pai, que está no céu, não vos perdoará as vossas ofensas."

Curou os doentes.

Lucas 4,40 – Ao pôr do sol, todos os que tinham enfermos de várias doenças os traziam; e ele punha as mãos sobre cada um deles e os curava.

LE SUEUR, Eustache. **Cristo curando o cego**. Século XVII. Óleo sobre madeira, 49 cm x 65 cm. Schloss Sanssouci, Berlim (Alemanha).

LOMBARD, Lambert. **O milagre dos pães e peixes**. Século XVI. Óleo sobre tela, 104 cm x 110 cm. Rockox House, Antuérpia (Bélgica).

> **Deu alimento aos que tinham fome.**
>
> **João 6,1-15** – Então Jesus mandou a multidão se assentar no chão... tomou os pães e os peixes, abençoou-os e mandou que dessem à multidão. Todos comeram e se saciaram e ainda sobraram doze cestos cheios.

O que você gostaria de fazer para ser solidário como Jesus?

Você pode viver a solidariedade a qualquer momento, em todo lugar.

Pense e responda:

Como você pode ser solidário com sua família?

De que forma você pode ser solidário na escola?

De que modo você pode ser solidário em sua comunidade?

_____
_____
_____
_____
_____
_____
_____
_____

Jesus pede para que cada um de nós também faça a sua parte.

"BRILHE VOSSA LUZ DIANTE DOS HOMENS, PARA QUE ELES, VENDO VOSSAS BOAS OBRAS, LOUVEM O PAI QUE ESTÁ NO CÉU." (Mateus, 5, 16)

Sugestão de leitura

VIDA DE JESUS PARA CRIANÇAS

Jane Carruth
Ed. Paulinas

MEMÓRIAS QUE FAZEM CRESCER

1ª MEMÓRIA

TEMPO DE FRATERNIDADE

Todos os anos os cristãos do Brasil reúnem-se para refletir sobre um tema que a Igreja Católica propõe a todos, para que haja mais união e amor fraterno no mundo.

Jesus disse: **"Amai-vos uns aos outros como eu vos amei."**

A Campanha da Fraternidade começa sempre na Quarta-Feira de Cinzas e termina na Páscoa. Entretanto, para os cristãos, o amor fraterno deve ser vivido todos os dias.

Cole aqui uma figura que represente o tema da Campanha da Fraternidade deste ano.

O que podemos fazer nesta Campanha da Fraternidade para deixar alguém mais feliz?

Temos a oportunidade de viver a fraternidade na nossa casa, na escola, na comunidade, na rua, em todos os momentos.

Pinte a(s) afirmativa(s) que você achar mais correta(s).

SOU FRATERNO QUANDO:

☐ Ajudo minha família.

☐ Sei dividir o que tenho.

☐ Ajudo um colega.

☐ Quero tudo só para mim.

Procure no quadro de letras e circule as palavras que combinam com FRATERNIDADE.

```
A B C D E F A M O R G H I J L M
N O V E R D A D E P Q R S T U V
A M I Z A D E V X Z A B C D E F
G H I J L M N P A C I E N C I A
```

Se você pudesse criar um tema sobre a Campanha da Fraternidade, como faria? Use o espaço abaixo e faça uma ilustração da sua ideia.

2ª MEMÓRIA

TEMPO DE SER MELHOR

A última semana da **quaresma** é chamada Semana Santa.

É um tempo onde pensamos mais sobre os acontecimentos da vida e da morte de Jesus.

DA VINCI, Leonardo. **A Última Ceia**. 1495-1498. Têmpera sobre gesso. Santa Maria delle Grazie, Milão (Itália).

Na Quinta-Feira Santa foi a última vez que Jesus se reuniu com seus amigos para fazer a Ceia Pascal.

Na Sexta-Feira Santa Jesus foi preso e morto na cruz, dando sua maior prova de amor pela humanidade.

Sábado Santo – Jesus permanece morto até o domingo, quando Ele RESSUSCITA GLORIOSO.

É Páscoa! É vida nova!

Quaresma é tempo de:

3ª MEMÓRIA

TEMPO DE VIDA NOVA

Páscoa!
Vida nova!
Ressurreição!

PÁSCOA é festa, pois Jesus venceu a morte e ressuscitou!

A **RESSURREIÇÃO** é o maior milagre que Jesus fez.

Jesus disse: "Eu vim para que todos tenham vida." (Jo.10,10)

Como Jesus, nós também podemos ajudar as pessoas a terem mais vida. Isto acontece quando ajudamos os outros a serem felizes.

Por isso podemos dizer que Páscoa significa:

SANZIO, Rafael. **Transfiguração**. 1518-1520. Óleo sobre madeira, 405 cm x 278 cm. Pinacoteca Vaticana, Vaticano.

Faça uma moldura nas frases que indicam quando tenho vida nova como Jesus.

QUANDO PERDOO E PEÇO PERDÃO.

QUANDO SOU VIOLENTO.

QUANDO AJUDO A FAMÍLIA.

QUANDO ACEITO AS PESSOAS COMO ELAS SÃO.

QUANDO AJUDO MEUS AMIGOS.

QUANDO RESPEITO O QUE DEUS CRIOU.

Sabemos que nossas atitudes devem ser de ajuda, de solidariedade. O desenho abaixo representa amigos que estão querendo ajudar o outro.

E você, o que poderá fazer nesta Páscoa para ajudar alguém?

>Deus conta comigo na tarefa de melhorar o mundo.

A PÁSCOA NÃO É SÓ HOJE. A PÁSCOA É TODO DIA!
SE EU LEVAR JESUS EM MINHA VIDA,
TUDO SERÁ UM ETERNO ALELUIA!

4ª MEMÓRIA

TEMPO DE AMOR

Jesus é Deus conosco pertinho de nós. Ele nasceu na pequena cidade de Belém e viveu com seus pais, Maria e José, na cidade de Nazaré.

Lá, Ele cresceu, brincou, teve amigos, tornou-se adulto, trabalhou e começou a ensinar as coisas de Deus.

Há muitas formas de festejar o NATAL. Vamos pintar as duas mais importantes conforme os ensinamentos cristãos.

| Preparar o coração | Comprar presentes | Fazer alguém feliz |

Toda festa importante é preparada por muitas pessoas. Nesta preparação as pessoas se aproximam, trocam ideias, procuram fazer esta festa mais bonita, cheia de alegria.

REFERÊNCIAS

ABC da Bíblia. **A Linguagem Bíblica**. Centro Bíblico de Belo Horizonte. 43 ed. Paulus: Belo Horizonte, 2010.

ARTE DE VIVER. **A Alegria de ser uma pessoa com dignidade**. v.1. Betuel Cano. Paulinas: São Paulo, 2008.

BATCHELOR, Mary; HAYSOM, John. **Bíblia em 365 histórias**. 2.ed. Paulinas: São Paulo, 2011.

BÍBLIA SAGRADA. Tradução da CNBB.

CARMO, Solange Maria do; SILVA. Pe. Orione. **Somos Povo de Deus**. Paulus: São Paulo, 2008.

CNBB. Projeto Nacional de Evangelização. **Iniciação à leitura bíblica**. 1. ed. Brasília, 2009.

CRUZ, Terezinha Motta Lima da. **Ecumenismo**: conteúdo ou catequese? 3.ed. Paulus: São Paulo, 2006.

EQUIPE NACIONAL DA DIMENSÃO BÍBLICO CATEQUÉTICA. **Como nossa Igreja lê a Bíblia**. Catequético. 7. ed. Paulinas: São Paulo, 2010.

FARIA, Dom Paulo Lopes de. **Catecismo da Bíblia**. 27.ed. Paulus: São Paulo, 2008.

GRUEN, Wolfgang. **Pequeno Vocabulário da Bíblia**. 15. ed. Paulus: São Paulo, 2008.

MESTERS, Carlos. **Os Dez Mandamentos, ferramenta da comunidade**. 13. ed. Paulus: São Paulo, 2008.

MACCARI, Natália. **Os símbolos da Páscoa**. 9. ed. Paulinas: São Paulo, 2010.

_____. **Vivendo e convivendo**. 15. ed. Paulinas: São Paulo, 2009.

NASSER, Maria Celina Cabrera. **O uso de símbolos**. Paulinas: São Paulo, 2006

O FENÔMENO RELIGIOSO. **Cadernos Catequéticos Diocesano nº 7**. Diocese de Osasco. 4. Ed. Paulus: São Paulo, 2011.

OLIVEIRA, Ivani; MEIRELES, Mário. **Dinâmica para vivência e partilha**. 3.ed. Paulinas: São Paulo, 2010.

PASSOS, João Décio. **Ensino Religioso**: Construção de uma Proposta. 1. ed. Paulinas: São Paulo, 2010.

SITES
http://www.amop.org.br
http://ensinoreligioso.seed.pr.gov.br
http://bloguinhodoceu.blogspot.com
http://www.cantodapaz.com.br
http://www.cancaonova.com.br
http://www.portalcatolico.org.br
http://www.conic.org.br